AF336637

RÉPUBLIQUE FRANÇAISE

MINISTÈRE DE LA GUERRE

# INSTRUCTION DU 8 AOUT 1903

POUR L'ADMISSION A

# L'ÉCOLE POLYTECHNIQUE

## EN 1904

### Programme des connaissances exigées

## PARIS

# HENRI CHARLES-LAVAUZELLE

**Éditeur militaire**

10, Rue Danton, Boulevard Saint-Germain, 118

(MÊME MAISON A LIMOGES)

**RÉPUBLIQUE FRANÇAISE**

—

MINISTÈRE DE LA GUERRE

---

Direction du Génie ; Bureau du Personnel. — N° 52.

*Instruction et programme des connaissances exigées pour l'admission à l'Ecole polytechnique, en 1904.*

Paris, le 8 août 1903.

## § 1er. — INSTITUTION DE L'ECOLE.

L'Ecole polytechnique, établie à Paris, est destinée spécialement à recruter des sujets pour les services ci-après, savoir :

L'artillerie métropolitaine, l'artillerie coloniale ;

Le génie militaire, le génie maritime ;

La marine nationale, le corps des ingénieurs hydrographes ;

Le commissariat de la marine ;

Le commissariat des colonies ;

Les ponts et chaussées, les mines ;

Les manufactures de l'Etat ;

Le corps des ingénieurs des poudres et salpêtres ;

Les postes et télégraphes.

Elle prépare, en outre, à toutes les carrières qui exigent des connaissances étendues dans les sciences mathématiques, physiques et chimiques.

La durée des études est de deux ans.

Les élèves ne peuvent être admis dans les services publics ci-dessus désignés qu'après avoir satisfait aux examens de sortie, à la fin des deux années d'études.

L'admission dans les services publics des élèves qui ont satisfait à ces examens est, d'ailleurs, subordonnée au nombre des places disponibles au moment de leur sortie de l'Ecole et à leurs aptitudes physiques.

L'Ecole est soumise au régime militaire.

Aux termes de l'article 28 de la loi du 15 juillet 1889 et de l'article 19 du décret du 28 septembre de la même année, les élèves qui sont reconnus aptes au service militaire ne sont définitivement admis à l'Ecole qu'à la condition de contracter, devant le maire de l'un des arrondissements de Paris, un engagement volontaire de trois ans, lequel court du 1er octobre de l'année de l'entrée : ils ne sont d'ailleurs assujettis à aucune condition d'âge autre que celles exigées pour l'admission à l'Ecole.

Ils sont considérés, pendant le temps qu'ils passent à l'Ecole, comme présents sous les drapeaux dans l'armée active ; ils reçoivent l'instruction militaire complète et sont à la disposition du Ministre de la guerre.

Ceux qui ne satisfont pas aux examens de sortie ou sont renvoyés pour inconduite sont incorporés dans un corps de troupe pour y terminer le temps de service qu'il leur reste à faire.

Si, pendant la durée des études, un élève est admis à redoubler une année à l'Ecole, cette année ne compte pas dans la durée de l'engagement.

Les élèves admis dans l'un des services civils, recrutés à l'Ecole ou quittant l'Ecole après avoir satisfait aux examens de sortie sans entrer dans aucun service, sont nommés sous-lieutenants de réserve et accomplissent, en cette qualité, dans un corps de troupe, leur troisième année de service.

Les élèves qui viendraient à quitter le service civil dans lequel ils ont été admis n'en resteront pas moins soumis à cette obligation.

Ceux qui donneront leur démission d'officier de réserve avant l'accomplissement de leur troisième année de service n'en resteront pas moins soumis à toutes les conséquences de l'engagement volontaire de trois ans contracté par eux lors de leur entrée à l'Ecole.

Les candidats qui, sans être reconnus aptes au service militaire, remplissent cependant les conditions nécessaires pour suivre les cours et exercices militaires de l'Ecole, telles qu'elles sont définies par le décret du 1er mars 1890 (1) rendu en conformité des prescriptions du dernier paragraphe de l'article 28 de la loi du 15 juillet 1889, sont admis à l'Ecole sans avoir à contracter un engagement.

Le prix de la pension est de 1000 francs par an et celui du trousseau de 600 francs environ; une somme de 100 francs doit, en outre, être versée pour former le fonds de masse de chaque élève.

Le bordereau du trousseau qui en fixe le prix exact pour l'année courante, ainsi que le détail des autres objets que les élèves devront apporter avec eux, sera envoyé aux familles avec les lettres de nomination.

Des bourses et demi-bourses sont instituées en faveur des élèves dont les parents sont hors d'état de payer la pension et

---

(1) Voir l'annexe 1 à la suite de la présente instruction.

qui remplissent les conditions indiquées ci-après au titre *Concessions de places gratuites.*

De plus, il peut être alloué à chaque boursier ou demi-boursier un trousseau ou demi-trousseau à son entrée à l'Ecole.

## § 2. — CONCOURS.

Nul n'est admis à l'Ecole que par voie de concours.

Le concours est public; il a lieu chaque année à Paris et dans certains centres de province spécialement désignés.

Les épreuves portent uniquement sur les matières du programme des connaissances exigées, arrêté tous les ans par le Ministre; mais toutes ces matières, y compris la langue allemande, sont également obligatoires. Par suite, les candidats dont l'instruction en l'une quelconque des parties du programme serait reconnue insuffisante sont déclarés inadmissibles.

Aucun candidat ne peut se présenter aux épreuves du concours s'il n'est muni du diplôme de bachelier de l'enseignement secondaire moderne ou du certificat de la première épreuve du baccalauréat de l'enseignement secondaire classique.

Un avantage de 30 points est accordé aux candidats qui sont en possession du diplôme de bachelier de l'enseignement secondaire *classique*, avec mention « lettres-philosophie », et un avantage de 15 points à ceux qui ne sont pourvus que du certificat de la 1re partie de ce baccalauréat.

Les jeunes gens ayant subi les épreuves d'admission à l'Ecole navale qui, dans l'année où ils atteindront la limite d'âge fixée, auront été compris dans les 150 premiers de la liste générale de classement, pourront, à partir de cette époque, se présenter au concours de l'Ecole polytechnique sans avoir à produire de diplôme ou de certificats relatifs aux divers baccalauréats. Les jeunes gens dont il s'agit devront joindre à leur dossier d'inscription une attestation qui leur sera délivrée à cet effet par les soins du Ministre de la marine.

Le concours est divisé en trois épreuves successives : les compositions dont le détail est donné ci-après; les examens préliminaires ou du premier degré; les examens du second degré.

*Compositions.* — Les compositions comprennent (1) :

1° Une composition sur le cours de mathématiques spéciales, y compris la mécanique;

---

(1) Toutes les matières du programme sont exigibles pour les compositions.

2° Une épure de géométrie descriptive ;
3° Une composition française ;
4° Une composition de physique et de chimie ;
5° Un calcul trigonométrique ;
6° Le lavis d'un dessin remis aux candidats ou qui devra être exécuté par eux d'après un croquis coté ;
7° Un dessin d'après la bosse (ornements, buste, torse..., etc.).

*Examens du premier degré.* — Les examens oraux du premier degré, qui portent sur l'ensemble des connaissances spécifiées dans le programme d'admission, servent, avec les compositions de mathématiques, de physique et chimie et l'épure, dont les notes seront communiquées aux examinateurs, à exclure des examens oraux du second degré les candidats insuffisamment préparés.

Chaque candidat remet au premier examinateur de mathématiques du premier degré qui l'interroge, au moment même de l'examen, les feuilles d'épures, lavis et dessins exécutés par lui pendant l'année scolaire courante, savoir :

1° Huit épures dont une sur les intersections des pyramides, une sur les projections et six sur les intersections de surfaces : deux de ces dernières seront relatives à des questions d'ombre (1). Le candidat peut être interrogé sur les épures présentées.

Les candidats déclarés admissibles précédemment sont dispensés de subir les examens du 1er degré ; ils remettront leur certificat d'admissibilité ancien en même temps que leurs épures et dessins au premier examinateur de mathématiques qui les interrogera au 2e degré.

*Examens du second degré.* — Les examens oraux du second degré servent, concurremment avec les compositions, à déterminer le classement, par ordre de mérite, des candidats.

Ils portent également sur l'ensemble des connaissances spécifiées dans le programme d'admission et comprennent un examen de langue allemande. Les candidats devront connaître les règles principales de la grammaire, savoir expliquer un texte à livre ouvert et répondre en allemand à quelques questions adressées aussi en allemand par l'examinateur, qui leur fera faire, en sa présence, un thème sans dictionnaire.

---

(1) Les candidats devront dater et signer tous les dessins, lavis et épures faits par eux et faire attester qu'ils en sont réellement les auteurs par les professeurs sous la direction desquels ils ont effectué ces travaux.

En cas de fraude reconnue, ils seront exclus du concours.

Les candidats qui ont déjà concouru devront présenter de nouvelles épures.

Lorsqu'un candidat est en possession du certificat de la première épreuve du baccalauréat de l'enseignement secondaire *classique* ou du diplôme de bachelier correspondant avec mention « lettres-philosophie », il présente ce certificat ou diplôme ou une pièce en tenant lieu (1) *à chacun* des examinateurs du second degré ; ceux-ci signalent alors le candidat comme ayant droit à l'avantage de 30 ou de 15 points dont il a été parlé plus haut.

Les compositions se feront, au commencement de juin, à Paris et dans les villes ci-après :

Alger, Amiens, Bar-le-Duc, Besançon, Bordeaux, Caen, Clermont, Dijon, Douai, Grenoble, Lille, Lyon, Marseille, Montpellier, Nancy, Nantes, Nice, Nîmes, Orléans, Poitiers, Reims, Rennes, Rouen, Toulouse, Tours, Versailles.

Aucun candidat, pour quelque motif que ce soit, ne sera autorisé à composer à une autre époque que celle qui sera indiquée en temps utile au *Journal officiel*.

Les examens oraux du 1er et du 2e degré auront lieu successivement dans les villes suivantes :

Paris, Nancy, Lyon, Marseille, Toulouse, Bordeaux, Poitiers (2).

Tous les candidats feront connaître, par écrit, au moment de leur inscription, les villes qu'ils choisissent comme centre de compositions et centre d'examens du 1er degré. Ils se rendront dans ces villes aux dates fixées et sans attendre aucun avertissement particulier.

A Paris, les examens oraux du 1er degré commenceront le 24 juin ; ceux du 2e degré, à une date qui sera indiquée en temps utile.

Un avis inséré au *Journal officiel*, et qui sera publié par les préfets, fera connaître les dates précises des examens, dans les divers centres.

Les examinateurs du 1er degré sont au nombre de trois, mais chaque candidat ne sera interrogé que par deux d'entre eux. Pour partager uniformément les charges, les candidats seront répartis par la voie du sort entre les trois groupes différents qu'il est possible de former avec les trois examinateurs pris deux à deux.

L'ordre de passage sera également fixé par la voie du sort.

Un appel des candidats sera fait dans chaque centre d'exa-

---

(1) Cette pièce doit émaner du secrétariat de la Faculté où ledit baccalauréat a été passé.

(2) Sauf modifications qui pourraient être nécessitées par le nombre des candidats et leur répartition dans les centres d'examens qu'ils auront choisis.

Ces modifications, s'il y a lieu, seront indiquées en temps utile dans un avis inséré au *Journal officiel*.

mens le premier jour des examens du 1er degré (à Paris, le premier jour de chaque série d'examens du 1er degré), à 7 heures du matin, sauf avis contraire donné à l'avance par les examinateurs. Tout candidat qui ne répondra pas ou ne fera pas répondre pour lui à cet appel sera exclu du concours.

Le programme des connaissances exigées pour l'année 1903 est publié à la suite de la présente instruction.

Les coefficients d'influence pour les examens oraux et pour les compositions sont fixés ainsi qu'il suit :

### Examens du 2e degré.

| | | |
|---|---|---:|
| Mathématiques... | { 1er examinateur. . | 25 |
| | { 2e examinateur. . | 25 |
| Physique. . | | 14 |
| Chimie. . | | 8 |
| Allemand. . | | 5 |
| Aptitudes physiques (escrime, gymnastique, équitation). . | | 1 |

### Compositions.

| | |
|---|---:|
| Composition de mathématiques | 4 |
| Epure de géométrie descriptive | 3 |
| Composition de physique et chimie. . | 3 |
| Calcul trigonométrique. . | 1 |
| Dessin d'imitation. . | 4 |
| Lavis. . | 1 |
| Composition française. . | 6 |

Les notes d'appréciation des épreuves varient de 0 à 20.

Tout candidat qui obtient, pour l'une des épreuves, une note inférieure à 5 est de droit déféré au jury et peut etre exclu pour insuffisance d'instruction.

En particulier. tout candidat qui ne remettra pas l'une des compositions ou qui remettra pour l'une d'elles une feuille blanche ou ne renfermant que l'énoncé des questions posées, ne sera pas admis à passer les examens oraux.

Les candidats qui connaissent suffisamment une langue vivante *autre que l'allemand* seront admis, s'ils le demandent, à traduire dans cette langue, sans dictionnaire, un texte facile et ensuite à le développer comme ils l'entendront. Cette composition corrigée donnera au candidat un avantage de : *1 point* si elle est cotée 10 1/2, *2 points* pour 11, *3 points* pour 11 1/2, *4 points* pour 12, *5 points* pour 12 1/2..... *20 points* pour 20. Si le candidat compose ainsi en plusieurs langues, les nombres de points obtenus pour chaque composition s'ajouteront.

Les candidats admis à subir les examens du 2e degré seront appelés devant un jury spécial, qui constatera leurs connaissances en escrime, gymnastique et équitation. Ils ne seront admis à passer les examens du 2e degré que sur la présentation d'un certificat constatant qu'ils ont subi l'examen spécial ci-dessus indiqué. Un nombre de points de 0 à 20 leur sera attribué pour leur aptitude à ces exercices physiques.

## § 3. — CONDITIONS D'ADMISSION AU CONCOURS.

Nul ne peut être admis au concours s'il n'a préalablement justifié :

1° Qu'il est Français ou naturalisé Français;

2° Qu'il a 17 ans au moins et 21 ans au plus au 1er janvier de l'année du concours (1).

Aucune dispense d'âge ne sera accordée.

Les candidats devront se faire inscrire *le 1er avril au plus tard à la préfecture du département où ils étudient.* Nulle inscription ne sera admise après cette époque.

Les candidats qui ne se présentent pas devant les examinateurs à leur tour d'inscription sont considérés comme renonçant à prendre part aux épreuves et rayés de la liste.

Les pièces à produire pour l'inscription sont :

1° L'acte de naissance du candidat et celui de son père, revêtus des formalités prescrites par la loi;

2° Une pièce attestant la possession du diplôme de bachelier de l'enseignement secondaire moderne ou du certificat de la première épreuve du baccalauréat de l'enseignement secondaire classique, ou tout au moins une pièce justifiant de l'inscription comme candidat pour l'obtention d'un de ces diplômes ou certificats à la session d'avril, pièce qui devra être remplacée avant le 10 mai par une autre constatant l'obtention du diplôme ou du certificat ; ou enfin l'attestation délivrée par le Ministre de la marine aux jeunes gens ayant concouru pour l'Ecole navale, qui ont été compris dans les 150 premiers de la liste générale de classement pour cette école ;

3° Un certificat du commandant du bureau de recrutement de la subdivision de région, constatant :

Que le candidat remplit les conditions d'aptitudes physiques exigées pour l'admission à l'Ecole par le décret du 1er mars 1890 rendu en conformité de l'article 28 de la loi du 15 juillet 1889 ;

Qu'il a été vacciné avec succès ou a eu la petite vérole ;

---

(1) Comme conséquence seront admis à concourir en 1904 les jeunes gens nés :

Depuis et y compris le 1er janvier 1883;
Jusques et y compris le 31 décembre 1886.

4° Une désignation par écrit des centres d'examen et de compositions (1) choisis par le candidat ou par sa famille ;

5° Une déclaration du père, de la mère ou du tuteur, reconnaissant qu'il est en mesure de payer la pension ou, à défaut de cette déclaration, la remise d'une demande de concession de bourse établie· sur papier timbré; la demande de bourse doit préciser si la famille sollicite une bourse avec trousseau ou demi-trousseau, ou une demi-bourse avec trousseau ou demi-trousseau, ou seulement la demi-bourse.

Les pièces fournies par les candidats qui ne seraient point admis à l'Ecole polytechnique leur seront ultérieurement restituées par la préfecture où l'inscription aura été effectuée.

Le préfet enverra au Ministre, le 2 avril, la liste des inscriptions, qui sera arrêtée et close définitivement.

## § 4. — CONCESSION DE PLACES GRATUITES.

Les bourses et demi-bourses, trousseaux et demi-trousseaux sont accordés par le Ministre de la guerre sur la proposition des conseils d'instruction et d'administration de l'Ecole, conformément à la loi du 5 juin 1850.

*Les demandes adressées au Ministre de la guerre, établies sur papier timbré, devront être remises au moment de l'inscription, c'est-à-dire le 1ᵉʳ avril au plus tard, au préfet chargé de l'inscription et être accompagnées d'un engagement pris par les parents ou tuteurs des candidats et libellé ainsi qu'il suit :*

« Je soussigné (2)                    étant en instance pour obtenir une place gratuite à l'Ecole polytechnique en faveur de mon (3)      m'engage à rembourser au Trésor le montant des frais de pension et de trousseau qui me seront accordés, dans le cas où il ne servirait pas au moins pendant dix ans dans celui des services publics, civils ou militaires, auquel il aura droit d'être admis d'après son numéro de classement sur la liste de sortie.

« A défaut de payement du montant de ces frais de pension et de trousseau, je déclare me soumettre à ce que le recouvrement en soit poursuivi par voie de contrainte administrative décernée par M. le Ministre des finances, suivant les droits qui

---

(1) Ces choix une fois faits, aucun candidat ne sera autorisé à changer de centres que pour des motifs graves, avec pièces à l'appui.

(2) Nom, prénoms et qualité.

(3) Fils, beau-fils, neveu, pupille, etc.

lui sont conférés par les lois des 12 vendémiaire et 18 ventôse an VIII.

« A                , le                190  (1). »

Le préfet enverra le 2 avril, au Ministre, la liste des demandes ; toutefois, mais seulement dans des cas exceptionnels, ce délai du 1er avril sera prorogé jusqu'au 1er juillet, les familles ayant, du reste, à justifier des circonstances qui ont motivé le retard.

*Toute demande produite après cette dernière date, de quelque manière qu'elle se présente et quelles que soient les causes du retard, sera irrévocablement écartée.*

Dans le courant de mai, le préfet soumettra au conseil municipal chaque demande appuyée de renseignements détaillés sur les moyens d'existence, le nombre d'enfants et les autres charges des parents, ainsi que d'un relevé du rôle des contributions ; il provoquera une délibération du conseil à ce sujet ; il y joindra ses observations et son avis, quand bien même la délibération serait défavorable.

Le travail du préfet, avec chaque dossier ainsi complété, devra être envoyé au Ministre de la guerre avant le 30 juin.

## § 5. — CONDITIONS EXIGEES POUR L'ADMISSION A L'ECOLE.

Tout candidat admis qui renonce au bénéfice de son admission doit adresser au Ministre, dans le plus bref délai, sa démission accompagnée, s'il n'est pas majeur, du consentement de son père ou de son tuteur.

Tout candidat nommé élève qui ne se sera pas présenté au commandant de l'Ecole dans le délai fixé par sa lettre de nomination sera considéré comme démissionnaire.

Dès son arrivée à l'Ecole, chaque élève sera soumis à une visite médicale dans l'établissement.

Les élèves qui seront reconnus aptes au service militaire recevront du général commandant l'Ecole un certificat constatant cette aptitude. Ils devront contracter, avant d'être reçus définitivement, un engagement de trois ans devant le maire de l'un des arrondissements de Paris. A cet effet ils présenteront : 1° leur lettre d'admission ; 2° le certificat d'aptitude au

---

(1) NOTA. — Cette pièce devra être établie sur papier timbré, et la signature du pétitionnaire sera légalisée par le maire. Elle sera jointe à la demande de *bourse* et non au dossier de l'inscription du candidat.

service militaire ; 3° un extrait de leur casier judiciaire qu'ils auront dû demander au commandant d'un bureau de recrutement dès la réception de leur lettre d'admission en spécifiant que cette pièce est destinée à être mise à l'appui de l'acte d'engagement qu'ils doivent contracter à leur entrée à l'École polytechnique. Cette demande doit contenir très exactement les nom, prénoms, date et lieu de naissance de l'élève ainsi que sa résidence actuelle et les noms et prénoms de ses père et mère.

Les élèves qui, au moment de l'admission, ne seront pas reconnus aptes au service militaire, ne seront admis à l'Ecole qu'autant qu'ils rempliront les conditions fixées par le décret du 1ᵉʳ mars 1890 rendu en conformité de l'article 28 de la loi du 15 juillet 1889.

A leur sortie de l'Ecole, on les visitera de nouveau, afin de constater si le vice de conformation ou l'infirmité qui les rendait impropres au service a persisté ou disparu, et si, par suite, il est possible de les classer dans un service militaire.

Nul ne peut d'ailleurs être reçu à l'Ecole s'il ne produit un récépissé soit du receveur central de la Seine, soit d'un trésorier-payeur général ou d'un receveur particulier, constatant qu'il a payé le prix du trousseau ou du demi-trousseau, suivant le cas. Il doit, en outre, remettre au général commandant l'Ecole une déclaration établie sur papier timbré et légalisée du père, de la mère ou du tuteur s'engageant à payer la pension ou la demi-pension si l'élève a obtenu une demi-bourse. Cette déclaration doit être libellée de la manière suivante :

*Je soussigné, m'engage à verser dans une caisse du trésor public, par trimestre et d'avance, le montant de la pension (ou demi-pension) de* (nom et prénoms du candidat).

*A défaut de payement, je déclare me soumettre à ce que le recouvrement en soit poursuivi par voie de contrainte administrative décernée par M. le Ministre des finances, suivant les droits conférés par les lois des 12 vendémiaire et 18 ventôse an VIII.*

A , le 190 .

(Signature.)

(Légalisation.)

Cette promesse, qui doit être légalisée par le maire ou par le sous-préfet, est faite par l'élève lui-même s'il est majeur ou s'il jouit de ses biens.

Il est donc essentiel que, dans la prévision de leur admission à l'Ecole, les candidats se mettent en mesure de payer la valeur du trousseau dès qu'ils auront reçu leur lettre de nomination, et qu'ils se munissent du récépissé constatant ce versement.

Quant à la somme de 100 francs formant le fonds de masse individuelle, elle doit être versée directement à la caisse de l'Ecole le jour même de l'entrée de l'élève.

Les élèves dont les père, mère ou tuteur ne résident pas à proximité de Paris doivent, en outre, avoir un correspondant dûment accrédité auprès du général commandant l'Ecole.

Paris, le 8 août 1903.

*Le Ministre de la guerre,*
Général L. ANDRÉ.

# PROGRAMME

## des connaissances exigées pour l'admission à l'Ecole polytechnique.

ARRÊTÉ PAR LE CONSEIL DE PERFECTIONNEMENT ET APPROUVÉ PAR LE MINISTRE DE LA GUERRE, LE 8 AOUT 1903.

### I. — ALGÈBRE.

Division des polynômes entiers. — Plus grand commun diviseur de deux polynômes.

Arrangements, permutations, combinaisons sans répétition. — Binôme de Newton dans le cas de l'exposant entier et positif.

Déterminants : définition : développement suivant les éléments d'une même ligne. — Echange des lignes avec les colonnes. — Permutation de deux colonnes ou de deux lignes. — Addition de lignes ou de colonnes. — Produit de deux déterminants. — Résolution d'un système d'équations linéaires.

Calcul des radicaux; exposants négatifs et fractionnaires. — Expressions imaginaires.

Convergence et divergence des séries. — Somme des $n$ premiers termes d'une progression arithmétique ou géométrique : séries à termes positifs : caractères de convergence ou de divergence tirés de l'étude des expressions $\dfrac{U_n + 1}{U_n}$; $\sqrt[n]{U_n}$; $N^\alpha\, U_n$,

et de l'étude de la série $\Sigma\, a_n\, u_n$, où les $a_n$ sont compris entre deux nombres positifs fixes. — Séries absolument convergentes. — Convergence des séries à termes alternativement positifs et négatifs, dont le terme général décroît constamment en valeur absolue et tend vers zéro.

Etude de la fonction $a^x$, $a$ étant un nombre positif. — Limite de $\left( 1 + \dfrac{1}{m} \right)^m$ lorsque $m$ croît indéfiniment.

Théorie des logarithmes considérés comme exposants. — Usage des tables de logarithmes et de la règle à calcul.

Infiniment petits. — Ordre relatif de deux infiniment petits. — Valeur principale. — Développement des infiniment petits suivant les puissances entières de l'infiniment petit fondamental jusqu'à un ordre donné. — Exemples.

Dérivées successives et différentielle première d'une fonction entière d'une seule variable. — Dérivée et différentielle d'une somme, d'un produit, d'un quotient, d'une puissance quelconque; des fonctions logarithmiques, exponentielles, circulaires; d'une fonction de fonction. — Dérivées partielles et différentielle totale du premier ordre d'une fonction de plusieurs variables indépendantes; dérivée et différentielle première d'une fonction composée. — Dérivée d'une fonction implicite (on admettra sans démonstration l'existence de cette fonction et de sa dérivée). — Fonction croissante ou décroissante; maximum et minimum.

Formule de Taylor et Maclaurin pour une fonction d'une seule variable. — Cas d'un polynôme entier à une variable; d'un polynôme du second degré à deux ou trois variables.

Application de la formule de Taylor à la recherche de la limite du quotient de deux quantités qui tendent vers zéro : au développement de $e^x$, sin $x$ et cos $x$, log $(1+x)$, $(1+x)^m$ : à la détermination des maxima et minima.

Propriétés générales des équations algébriques (on admettra sans démonstration que toute équation algébrique à coefficients de la forme $a+bi$ a une racine de cette forme). — Nombre de racines d'une équation. — Relation entre les coefficients et les racines. — Toute fonction rationnelle et symétrique des racines s'exprime rationnellement en fonction des coefficients. — Élimination d'une inconnue entre deux équations au moyen des fonctions symétriques.

Propriétés spéciales des équations à coefficients réels. — Racines imaginaires conjuguées. — Indications que fournissent les signes des résultats de la substitution de deux nombres réels.

Condition pour qu'une équation ait des racines égales. — Réduction d'une équation qui a des racines égales.

Théorèmes de Rolle, de Descartes.

Méthode d'approximation de Newton et méthode des parties proportionnelles établies par des considérations géométriques.

Décomposition des fractions rationnelles en éléments simples.

Notion de la fraction primitive fondée uniquement sur la considération de l'aire d'une courbe; emploi des symboles :

$$\int f(x)\,dx; \qquad \int_a^b f(x)\,dx.$$

Changement de variable.

Intégration des fractions rationnelles et des expressions de la forme $\int \dfrac{A\,X + B}{\sqrt{a\,x^2 + c}}\,dx$; exemples simples de quadratures.

## II. — TRIGONOMÉTRIE.

Fonctions circulaires. — Angles correspondant à une fonction circulaire.

Théorème des projections.

Relations entre les fonctions circulaires d'un même angle. — Formules relatives à l'addition, à la soustraction, à la multiplication et à la division des angles.

Divisions sexagésimale et centésimale de la circonférence. (On fera usage des tables trigonométriques centésimales à cinq décimales.) (1)

Résolution des triangles rectilignes.

Résolution trigonométrique de l'équation binôme.

Formule fondamentale de la trigonométrie sphérique : $\cos a = \cos b \, \cos c + \sin b \, \sin c \, \cos A$.

## III. — GÉOMÉTRIE ANALYTIQUE.

### *Géométrie plane.*

Construction d'expressions algébriques. — Homogénéité.

Formules de transformation des coordonnées rectilignes.

Ordre d'une courbe.

Théorie de la ligne droite et de la circonférence du cercle.

Classification des courbes du second ordre. — Réduction de l'équation générale.

Etude des courbes du second ordre sur les équations réduites. — Propriétés focales et tracés qui en résultent ; tangentes, normales, axes, diamètres. — Questions relatives à l'ellipse et à l'hyperbole : centre, diamètres conjugués, théorèmes d'Appollonius ; construire les axes connaissant un système de diamètres conjugués. — Tracés spéciaux pour l'ellipse considérée comme projection du cercle. — Propriétés spéciales de l'hyperbole relativement aux asymptotes. — Propriétés spéciales de la parabole relativement aux diamètres, à la soustangente et à la sous-normale.

Pôles et polaires, foyers et directrices dans les courbes du second ordre en coordonnées rectangulaires.

Théories générales relatives aux courbes planes. — Nombre de points communs à deux courbes algébriques. — Tangentes,

---

(1) Jusqu'en 1904 inclusivement les candidats pourront se servir des tables sexagésimales.

asymptotes, concavité, convexité, courbure, enveloppes. — Construction des courbes. — Homothétie et similitude.

Coordonnées polaires. — Construction des courbes : tangentes, asymptotes. — Applications (on se bornera au cas où le rayon vecteur figure au premier degré dans l'équation). — Cas des coniques.

*Géométrie dans l'espace.*

Formules de transformation des coordonnées rectilignes, formules d'Euler.

Théorie du plan et de la ligne droite, en supposant les coordonnées rectangulaires pour toutes les questions relatives aux angles et aux distances.

Courbes gauches : tangente.

Surfaces : mode de génération, plan tangent ; homothétie et similitude. — Equation des surfaces coniques ou cylindriques et des surfaces de révolution.

Surfaces du second degré. — Centre ; cône asymptote. — Plans diamétraux, diamètres, plans principaux, axes.

Classification des surfaces du second degré.

Réduction de l'équation générale. — Sections planes ; sections circulaires ; génératrices rectilignes ; plans directeurs.

Plan tangent ; normale. — Cône circonscrit — Plan polaire d'un point. — Cas où l'intersection de deux surfaces du second degré comprend une droite ou une conique. — Conditions pour qu'une surface du second degré soit de révolution.

## IV. — MÉCANIQUE.

Cinématique du point. — Mouvement rectiligne d'un point. — Vitesse. — Accélération. — Mouvement uniforme, uniformément varié, vibratoire simple. — Composition des mouvements rectilignes.

Mouvement curviligne sur une trajectoire donnée. — Vitesse. — Hodographe. — Accélération totale. — Accélération tangentielle et centripète. — Diagramme des espaces, des vitesses, des accélérations tangentielles.

Dynamique du point matériel. — Principe de l'inertie. — Définition de la force et de la masse (1). — Relations entre

---

(1) On admettra qu'une force appliquée à un point matériel est égale géométriquement au produit de la masse du point par l'accélération qu'elle lui imprime.

la masse et le poids. — Invariabilité de la masse. — Unités fondamentales. — Unités dérivées. — Mouvement d'un point sous l'action d'une force constante en grandeur et en direction, ou sous l'action d'une force issue d'un centre fixe et proportionnelle à la distance.

Composition des forces appliquées à un point matériel (1).

Travail d'une force; travail de la résultante de plusieurs forces; travail d'une force pour un déplacement résultant. — Force vive.

Homogénéité. — Dimensions d'une vitesse, d'une accélération, d'une force, d'un travail, d'une quantité de mouvement.

Statique du point. — Equilibre d'un point matériel libre, d'un point matériel assujetti à rester sur une courbe fixe, ou sur une surface fixe.

### *Théorie des projections et des moments.*

Statique des solides invariables. — On admettra que deux forces égales et contraires appliquées à deux points liés par une droite de longueur invariable et agissant dans la direction de cette droite se font équilibre. — Réduction des forces appliquées à un solide invariable.

Equilibre d'un solide invariable libre.

Composition des couples.

Centre des forces parallèles; centre de gravité : cas très simples relatifs aux lignes, surfaces et volumes.

Equilibre d'un solide invariable qui n'est pas libre. — Cas d'un point fixe, d'un axe fixe avec ou sans glissement le long de cet axe, de 1, 2 ou 3 points de contact avec un plan fixe.

### V. — GÉOMÉTRIE DESCRIPTIVE.

Problème sur la ligne droite et le plan. — Sphère. — Section plane. — Intersection d'une sphère et d'une droite. — Plan tangent à la sphère par une droite. — Cône circonscrit à la sphère. — Résolution des trièdres.

Plan tangent au cône, au cylindre, à une surface de révolution, et, en particulier, à l'hyperboloïde de révolution. — Ombres.

Section plane d'un cône et d'un cylindre. — Intersection de ces surfaces et d'une droite. — Section plane des surfaces de révolution.

---

(1) On admettra que si plusieurs forces agissent sur un point, l'accélération qu'elles lui impriment est la somme géométrique des accélérations que chacune d'elles lui imprimerait si elle agissait seule.

Développement d'une surface conique ou cylindrique sur un plan ; transformée d'une ligne tracée sur la surface.

Intersection de deux surfaces coniques ou cylindriques, d'un cône ou d'un cylindre et d'une surface de révolution, de deux surfaces de révolution dont les axes se rencontrent. — Surfaces réglées du second ordre. — Ombres.

Projections cotées.

Surfaces topographiques.

## VI. — PHYSIQUE.

### I. — *Optique géométrique.*

Instruments d'optique : chambre claire, chambre noire, loupe, microscope. — Lunette astronomique : lunette terrestre : lunette de Galilée, télescope de Newton. — Goniomètre : mesure des indices de réfraction.

Dispersion. — Achromatisme des prismes et des lentilles.

Mesure de la vitesse de la lumière par la méthode de Foucault et par celle de Fizeau.

### II. — *Mesure des longueurs.*

Unités C. G. S" de longueur. — Vernier. — Vis micrométrique. — Sphéromètre. — Cathétomètre.

Mesure des poids et des masses. — Loi de la chute des corps. — Vérifications expérimentales. — Balance de précision.

Unité C. G. S. de masse. — Unités C. G. S. de poids et de force : leurs dimensions.

Mesure des temps. — Unité C. G. S. de temps. — Pendule simple.

Mesure des poids spécifiques des solides et des liquides par la méthode de la balance et du flacon. — Densité. — Dimensions du poids spécifique et de la densité.

Mesure des pressions. — Baromètre normal. — Baromètre anéroïde. — Manomètre à air libre. — Manomètre métallique. — Trompes.

Unité C. G. S. de pression : ses dimensions.

### III. — *Chaleur. — Dilatation des solides, liquides et gaz. — Thermomètres. — Densité des gaz et des vapeurs.*

Vaporisation et liquéfaction. — Expériences d'Andrews : point critique.

Mesure des chaleurs spécifiques des solides, des liquides, des gaz à pression constante.

Mesure de la chaleur de fusion et de solidification.

Mesure de la chaleur de vaporisation.

Principe de l'équivalence de la chaleur et du travail.

Détermination de l'équivalent mécanique de la calorie : expérience fondamentale de Joule. — Unité C. G. S. de quantité de chaleur.

## IV. — *Electrostatique.*

Notions fondamentales.

Lois de Coulomb. — Vérifications expérimentales. — Balance de torsion. — Méthode des oscillations. — Densité électrique. — Distribution superficielle. — Addition algébrique des quantités d'électricité. — Mesure des quantités d'électricité.

Champ et induction électrostatiques. — Notions élémentaires sur le potentiel. — Capacité électrostatique.

Electroscopes. — Principales sources d'électricité (1).

Condensateurs. — Pouvoir inducteur spécifique. — Condensateurs, plans sphériques et cylindriques. — Electroscope condensateur. — Electromètre absolu : électromètre à quadrants. — Mesure des différences de potentiel.

Bouteille de Leyde. — Charge et décharge de batteries.

Energie électrique d'un condensateur. — Expériences de Riess.

Expression générale, en fonction des unités fondamentales, des diverses grandeurs électriques ; quantité d'électricité ; densité superficielle ; intensité de champ électrostatique ; potentiel, capacité, énergie électrique (2).

## V. — *Magnétisme.*

Faits généraux. — Aimants. — Lois de Coulomb. — Champ magnétique.

Mesure des éléments d'un champ : méthode de Gauss.

Champs magnétiques terrestres. — Déclinaison. — Inclinaison.

## VII. — CHIMIE.

Espèces chimiques : caractères : nomenclature.

---

(1) La théorie des machines électrostatiques n'est pas demandée.

(2) Le système des unités C. G. S. dites électrostatiques n'est pas demandé.

On se contentera d'indiquer les unités pratiques de quantité, de potentiel et de capacité.

Lois de nombres : notations.

Propriétés physiques, chimiques, composition, usages et préparations usuelles des corps suivants :

Hydrogène. — Oxygène : ozone. — Eau : eaux potables : eau oxygénée.

Azote. — Air. — Anhydride et acides azotiques. — Protoxyde d'azote. — Bioxyde d'azote. — Acide azoteux. — Acide hypoazotique ou péroxyde d'azote. — Ammoniaque.

Soufre. — Acide sulfureux. — Anhydrides et acides sulfuriques. — Acides hydrosulfureux et hyposulfureux. — Acide sulfhydrique.

Fluor. — Acide fluorhydrique. — Chlore. — Notions sur les composés oxygénés du chlore ; acides hypochloreux et chlorique. — Acide chlorhydrique. — Brôme. — Acide brômhydrique. — Iode. — Acide iodhydrique.

Phosphore. — Anhydride et acides phosphoriques. — Acides hypophosphoriques, phosphoreux et hypophosphoreux. — Phosphures d'hydrogène. — Chlorures de phosphore. — Arsenic. — Acides arsénieux et arsénique. — Arséniure d'hydrogène. — Chlorure d'arsénic. — Bore. — Acide borique. — Chlorure et fluorure de bore. — Silicium. — Silice. — Hydrogène silicié. — Chlorure et fluorure de silicium. — Acide hydrofluosilicique.

Carbone. — Acide carbonique. — Oxyde de carbone : sulfure de carbone. — Formène ou méthane. — Éthylène. — Acétylène. — Cyanogène. — Acide cyanhydrique.

Classification des métalloïdes.

Notions expérimentales sommaires sur la dissociation et la thermochimie.

## VIII. — LANGUE FRANÇAISE.

Les candidats feront une composition française.

## IX. — LANGUE ALLEMANDE.

Les candidats devront connaître les règles principales de la grammaire, savoir expliquer un texte à livre ouvert et répondre en allemand à quelques questions adressées aussi en allemand par l'examinateur, qui leur fera faire en sa présence un thème sans dictionnaire.

## X. — DESSIN GÉOMÉTRIQUE, LAVIS, DESSIN D'IMITATION.

Les candidats devront être exercés au dessin géométrique, au lavis et au dessin d'imitation.

# RENSEIGNEMENTS GENERAUX.

En modifiant le programme d'admission à l'Ecole polytechnique, on a eu pour but d'établir un accord plus intime entre l'enseignement préparatoire et l'enseignement intérieur de l'Ecole. Certaines théories avaient pris, dans les cours de mathématiques spéciales, une place hors de proportion avec leur importance réelle ; il convenait de les réduire ou de les supprimer, en leur substituant des notions plus utiles et mieux adaptées aux études nécessaires que doivent poursuivre les candidats après leur admission et dans leurs carrières ultérieures.

Les remarques suivantes précisent la manière dont le nouveau programme doit être compris et appliqué.

*Généralités.* — L'expérience a montré quels graves inconvénients présente, pour la formation des débutants, le développement prématuré et trop rigoureux des théories qui touchent aux principes. Il est dangereux d'insister sur des subtilités que seules des intelligences déjà rompues aux abstractions peuvent nettement percevoir, et un tel enseignement, même compris, ne saurait que rebuter de jeunes esprits, en leur dérobant, sous un appareil compliqué, l'intime simplicité des mathématiques.

Pour faciliter, sur ce point, la tâche des professeurs et leur permettre de faire le plus possible appel à l'intuition de leurs élèves, il est nettement stipulé qu'aucune question ne sera posée par les examinateurs sur les principes fondamentaux de la théorie des limites, des incommensurables et des fonctions continues. On admettra, sans démonstration, les propositions relatives aux opérations arithmétiques élémentaires (addition, multiplication, division, élévation aux puissances entières ou fractionnaires) effectuées sur les nombres incommensurables.

Aucune question ne sera posée sur les singularités que peuvent présenter les fonctions ; relativement aux fonctions continues, on admettra, sans démonstrations, qu'une fonction continue dans un intervalle (limites comprises) y est limitée supérieurement et inférieurement ; qu'elle y atteint sa limite supérieure et sa limite inférieure ; qu'elle passe par toutes les valeurs intermédiaires. Il sera donc acquis qu'une fonction continue, qui prend pour $a$ et $b$ des valeurs de signes contraires, s'annule entre $a$ et $b$. On n'envisagera que des fonctions continues admettant une dérivée.

*Arithmétique.* — *Géométrie.* — *Algèbre élémentaire.* — L'arithmétique, l'algèbre élémentaire, la géométrie ont été rayés du programme ; mais les examinateurs pourront toujours, dans les applications, tenir compte de l'insuffisance des candidats sur ces matières, au sujet desquelles il ne sera demandé aucune démonstration.

1° *Algèbre*. — On n'interrogera pas sur les arrangements, permutations, combinaisons avec répétitions; sur les puissances d'un polynôme autres que le carré et le cube; sur la sommation des piles de boulets.

2° *Séries*. — Pour l'étude de la convergence ou de la divergence d'une série, il ne sera requis à l'examen que l'emploi des règles mentionnées explicitement au programme; en particulier, la règle de Duhamel ne sera pas exigée. Il ne sera parlé que de séries à termes réels.

3° *Logarithmes*. — La définition arithmétique des logarithmes par deux progressions, et la construction des tables, sont en dehors du programme.

4° Infiniment petits; dérivées et différentielles.

Les candidats devront être familiarisés avec la notation différentielle, mais pour les différentielles premières seulement. Aucune question ne leur sera posée sur les différentielles d'ordre supérieur.

Il ne sera posé aucune question sur le maximum ou le minimum d'une fonction de plusieurs variables.

On demandera de démontrer que toute fonction qui admet une dérivée dans un intervalle est continue, dans cet intervalle, ce qui permettra d'établir immédiatement la continuité de toutes les fonctions usuelles.

5° *Théorie des équations*. — Dans la théorie de l'élimination, on ne fera aucune question relative au cas où le coefficient de la plus haute puissance de $x$ dans l'un ou l'autre des deux polynômes en jeu, deviendrait nul. On ne posera aucune question sur l'irréductibilité d'une équation. On n'interrogera pas sur la résolution algébrique des équations du 3ᵉ et du 4ᵉ degré; le théorème de Budan et Fourier ne sera pas demandé.

6° *Fractions rationnelles*. — On ne demandera que la formule de décomposition où les éléments simples sont du type

$$\frac{A_\alpha}{(x-a)^\alpha};$$

les candidats devront être exercés à obtenir les coefficients $A_\alpha$ par la méthode de la division ordonnée suivant les puissances croissantes de $h = x - a$. Les autres décompositions, telles que :

$$\frac{f}{\varphi_1 \varphi_2} = \frac{U}{\varphi_1} + \frac{V}{\varphi_2},$$

ou celle qui introduit des éléments simples de la forme :

$$\frac{A \alpha\, x + B \alpha}{[(x-a)^2 + b^2]^\alpha}$$

ne seront pas demandées.

7° *Fonctions primitives*. — On admettra, sans démonstration qu'une fonction continue a une fonction primitive, continue dans le même intervalle. On se bornera à donner une sorte de vérification graphique en établissant que la dérivée de l'aire d'un segment de courbe, par rapport à l'abscisse, est égale à l'ordonnée ; la notion d'aire sera regardée, bien entendu, comme une notion première.

Le changement de variable, pour la recherche d'une fonction primitive, sera rattaché à la règle de dérivation d'une fonction de fonction.

Aucune démonstration reposant sur la définition analytique de l'intégrale définie ne sera demandée à l'examen : aucune question ne sera posée sur l'intégration d'une fonction dans un champ infini ou comprenant un point de discontinuité de la fonction.

On intégrera les fractions rationnelles en partant de la décomposition en éléments simples, après avoir pris la précaution de réunir avant d'intégrer, les termes en $\dfrac{1}{x-a}$ relatifs à deux racines imaginaires conjuguées, afin de ne pas introduire de logarithmes d'imaginaires.

La primitive de $f(x) + i\varphi(x)$ sera, par définition, $F(x) + i\psi(x)$, $F$ et $\psi$ étant respectivement primitives de $f$ et $\varphi$ : en particulier $(x-a)^m$ ayant comme dérivée $m(x-a)^{m-1}$, quel que soit $a$ réel ou imaginaire, sera primitive de cette dernière expression ($m$ entier positif ou négatif et non nul).

La question de reconnaître si les développements de $(1+x)^m$, $\log(1+x)$, sont valables pour $x = \pm 1$, ne sera pas soulevée ; le calcul de $\pi$ ne sera pas demandé.

*Trigonométrie*. — On n'interrogera pas sur les racines primitives d'une équation binôme, ni sur la formule de Moivre, dans le cas d'un exposant non entier.

*Géométrie analytique*. — La théorie des formes quadratiques, celles des substitutions linéaires, sont en dehors du programme.

Il ne sera posé aucune question sur les points multiples d'ordre supérieur au second.

Les coordonnées homogènes ne font pas partie du programme.

Dans la construction des courbes en coordonnées rectilignes on insistera spécialement sur le cas où l'équation est résolue, par rapport à $y$ ou $x$, et celui où $y$ et $x$ sont donnés en fonction rationnelle d'un paramètre.

*Géométrie descriptive*. — On ne demandera pas de méthodes fondées sur la courbure des surfaces.

*Physique*. — Un certain nombre de questions élémentaires de physique ont été rayées du présent programme : telles sont le principe de Pascal, le principe d'Archimède, la loi de Mariotte, les notions sur la statique des liquides, les pompes, le siphon, le vase de Mariotte, les lois de la réflexion de la lumière sur les miroirs plans et sphériques, de la réfraction par les lentilles minces.

Les candidats ne seront donc plus interrogés sur ces matières qui font partie des programmes des divers baccalauréats scientifiques ; elles sont supposées connues des candidats.

*Chimie*. — On demande aux candidats de savoir non pas le plus de faits possibles, mais les faits usuels ; non pas toutes les méthodes, mais celles qui ont un caractère de généralité. Ainsi, pour obtenir un corps, s'il est naturel de comprendre qu'il faut s'adresser aux corps usuels qui le contiennent, il est inutile de savoir toutes les préparations ; les méthodes habituellement pratiquées dans les laboratoires et dans l'industrie suffisent.

Quant aux notions sur la thermochimie et la dissociation ajoutée au programme, elles doivent être purement expérimentales, exemptes de toutes les considérations théoriques qui peuvent s'y rattacher, en particulier par le moyen de la thermodynamique. Ces notions seront surtout à leur place à propos des différents exemples auxquels on pourra les appliquer dans le cours.

# ANNEXE I.

*Extraits du décret du 1er mars 1890, déterminant les conditions d'aptitude physique à exiger des candidats reçus aux Ecoles polytechnique, forestière et centrale.*

Art. 1er. Peuvent seuls être admis à l'Ecole polytechnique, sans contracter l'engagement spécifié à l'article 28 de la loi du 15 juillet 1889, les jeunes gens reçus à cette Ecole et qui, au moment de l'entrée, n'auraient pas été reconnus aptes au service militaire pour l'un des motifs ci-après :

1° Défaut de taille;

2° Faiblesse de constitution, lorsque celle-ci paraît susceptible de s'améliorer avec le temps ;

3° Vices de conformation et infirmités compatibles avec le service auxiliaire.

L'aptitude physique de ces jeunes gens est constatée par une commission composée : 1° du général commandant l'Ecole polytechnique ; 2° d'un membre du conseil de perfectionnement représentant l'un des services civils se recrutant à l'Ecole et désigné annuellement par le Ministre de la guerre; 3° du médecin-chef de l'École.

Cette commission doit s'assurer que les vices de conformation et les infirmités dont ces jeunes gens sont atteints ne font pas obstacle au port de l'uniforme, qu'ils ne sont pas de nature à les mettre hors d'état de suivre les cours et les exercices militaires de l'Ecole, non plus qu'à les rendre impropres à un service public.

Les décisions de la commission sont prises à la majorité des voix et sont sans appel.

. . . . . . . . . . . . . . . . . . . . . . . . . . . . . . .

Art. 4. Tout élève non engagé des Ecoles ci-dessus visées, qui est devenu apte au service militaire, peut souscrire, pendant son séjour à l'Ecole, soit avant sa comparution devant le conseil de revision, soit au moment de cette comparution, un engagement de trois ans pour les deux premières écoles, de quatre ans pour l'Ecole centrale, remontant au 1er octobre de l'année de son entrée à l'Ecole. Il sera soumis aux mêmes obligations que les élèves de sa promotion engagés au moment de leur admission.

Art. 5. Tout élève non engagé desdites Ecoles, appelé après sa sortie devant le conseil de revision et reconnu apte au service militaire, ne sera tenu d'accomplir qu'une seule année de service effectif dans les conditions auxquelles il aurait été soumis, s'il s'était engagé au moment de son admission à l'Ecole, pourvu toutefois qu'il ait satisfait aux examens de sortie de l'Ecole à laquelle il a appartenu.

---